LE SEUL MOYEN DE GAGNER DE L'ARGENT PENDANT QUE L'ON SOMMEIL

PAR

JUSTIN MACDONATUS

TABLE DES MATIÈRES

Contenu

ILS L'ONT DIT

"Impossible est un mot dans le dictionnaire d'un imbécile et je ne suis pas un imbécile!"

- NAPOLEON BOURNAPARTE

CE LIVRE RÉPOND AUX QUESTIONS SUIVANTES !

1. Est-il possible, sur cette terre, de gagner de l'argent en dormant ?
2. Comment cela peut-il être fait?
3. N'est-ce pas la même chose que de mettre vos sources de revenus en pilote automatique ?
4. N'est-ce pas juste pour vous de faire un coup publicitaire pour les fabricants de matelas ?
5. Parlons-nous des personnes en congé payé?
6. Est-ce quelque chose de nouveau sous le soleil ?

7. Pouvez-vous s'il vous plaît découper les charges et frapper le clou sur la tête ?

POURQUOI EST-CE LA SEULE FAÇON ?

Pour comprendre cela, nous devons définir ce que nous entendons par **sommeil.**

Cela signifie simplement que **vous pouvez partir** ou faire autre chose sans être dérangé ou appelé à remédier à certaines choses pour que l'entreprise continue à se développer et à produire.

Une fois créé, ce système continue perpétuellement à **se surveiller** .

Il n'a **même pas besoin de machines** pour l'automatiser. Il est auto-chargeant.

Il est également **autorégulateur.**

C'est comme parachuter des parachutistes bien entraînés dans

le camp de l'ennemi. non seulement ils savent quoi faire, mais ils vont de l'avant et reviennent en toute sécurité pour se préparer à un autre voyage.

Sauf que dans ce cas, les parachutistes n'ont pas besoin d'instructions supplémentaires pour faire le nécessaire.

DÉVOUEMENT

Ce livre est dédié au plus grand nombre, des informations non seulement pertinentes mais pratiques, sans avoir à attendre une journée entière pour cela.

AVERTISSEMENT

Les enseignements de ce livre sont :

1. Pas pour le cœur de lys.
2. Ce n'est pas non plus un régime rapide pour s'enrichir. Il a une tolérance zéro pour le succès des vols de nuit !
3. Ni un pari.
4. Certainement pas pour les paresseux.
5. Il n'est pas non plus recommandé aux commerçants qui achètent et vendent pour un profit à court terme.
6. Ce n'est bien sûr pas pour ceux qui regardent la météo.
7. C'est seulement pour les studieux, audacieux et courageux.

CHAPITRE UN

DE QUOI NOUS PARLONS

Ce livre parle de faire sept (7) choses.

1. Créer de la richesse avec seulement l'esprit humain.
2. En créer suffisamment pour servir des générations.
3. Le créer avec un minimum de travail.
4. Le créer d'une manière qui, à lui seul, crée plus de richesse.
5. Le créer de manière à ce que les entrepreneurs puissent aussi bien dormir.
6. Le créer sans dépendre des machines pour le faire fonctionner bien que les machines y jouent un rôle.
7. Créer tout le bonheur rond dans le processus.

CITATION

"L'imagination est plus important que la connaissance. Car la connaissance est limitée à tout ce que nous savons et comprenons maintenant, tandis que l'imagination embrasse le monde entier, et tout ce qu'il y aura toujours à savoir et à comprendre.

— Albert Einstein

CHAPITRE DEUX

CRÉER DES CONCOURS DE TALENTS PERMANENTS

Ces compétitions ne doivent pas être en dehors des domaines suivants :

PARTIE A

1. La musique et ses industries connexes telles que les studios.
2. L'écriture dans ses différents genres.
3. L'édition sous ses différentes formes.
4. Le sport sous ses différents aspects.
5. Talk-shows dans divers aspects tels que la comédie et le rap.
6. Projections de films et sketches.

7. Événements et concours de danse et de théâtre.

PARTIE B

8. Laissez le plan directeur prévoir l'accession à la propriété.
9. Créer des entreprises pour posséder ou gérer des installations sportives, des hôtels, des auberges, des centres d'événements, etc.
10.   Prévoyez délibérément d'avoir de 500 000 à 1 million d'humains en résidence ou en transit.
11. Mettre en place des projets de création d'événements et de marketing.
12. Créer une société ou des sociétés de gestion immobilière.
13. Qu'il y ait des centres de développement de l'enfant.
14. Créer Transfert de connaissances et de compétences ainsi que des institutions et écoles pour adolescents et adultes.

15. Créer des entreprises et des partenariats pertinents pour la création, l'emballage et le marketing des aliments.
16. Créer des entreprises d'hygiène et de gestion des déchets.
17. Mettre en place l'agriculture et les industries connexes.
18. Vous devriez également créer des magasins et des supermarchés.
19. Mettre en place le commerce électronique et les entreprises connexes.
20. Mettre en place Construction et industries connexes.
21. Mettre en place des institutions de micro finance.
22. Mettre en place des industries solaires et connexes.
23. Mettre en place les équipements et services de sécurité pertinents.

24. Mettre en place des services d'horticulture et de décoration intérieure.
25. Politiques zéro déchet.
26. Prévoyez zéro désherbage.
27. Prévoyez de générer votre propre lumière.
28. Mettre en place des stations, des canaux et des publications de publicité et de communication.
29. Travaillez-y, non pas avec patience, mais avec une longue souffrance. Si la vision tarde, attendez-la car elle est certaine de payer.
30. Planifier stratégiquement le développement jusqu'à son apogée dans les 7 ans. Etc.

CHAPITRE TROIS

COMMENT CELA PEUT-IL ÊTRE FAIT?

Vous devez suivre les étapes suivantes.

1. Élaborez un plan directeur bien pensé pour une ville entièrement intégrée, entièrement nouvelle et autonome mais intelligente.
2. La ville doit être moderne. Il doit être bien planifié et futuriste.
3. Il doit également être axé sur la technologie.
4. Et numériquement conforme. La ville, par exemple, doit avoir accès au Wi-Fi gratuit dans la mesure du possible !
5. Associez-vous à des hommes et des femmes partageant les mêmes idées. Si possible, identifiez une cause ou un lien social.

6. Construisez une association autour de votre cause ou lien social.
7. Articulez votre vision et votre mission si clairement que les hommes et les frères les comprennent avec une grande facilité et, par conséquent, adhèrent facilement.
8. Levez conjointement un capital minimum de quarante millions de nairas. [...dollars]. Cela ne se fera peut-être pas d'un seul coup.
9. Les versements doivent être autorisés. Les projets doivent se développer/commencer par phases.
10. Évitez les prêts. Les conditions de remboursement des prêts peuvent parfois être tourmentantes et tueuses de vision. Attention aux intérêts composés !
11. Acheter un terrain. Optez pour une terre vierge, aussi éloignée

soit-elle. Visez à être l'agent du changement. Ne vous découragez pas car vous pourriez être le premier à y aller.

12. Assurez-vous d'acheter auprès de ceux qui ont le droit de vendre.

13. Assurez-vous que votre propriété est entièrement documentée.

14. Vendez une partie du terrain à vos partenaires et étrangers qui acceptent vos termes et conditions. Les T & C doivent inclure une acceptation inconditionnelle de votre vision et de votre mission.

15. Donnez à vos partenaires le droit d'être mentionnés en premier, pour gérer certaines des entreprises et des entreprises de la ville. Cela devrait être une incitation supplémentaire pour eux à investir dans la nouvelle ville.

16. Franchisez certains des autres services et investissements à des étrangers conformes.

17. Assurez-vous que les entreprises participantes s'intègrent les unes aux autres. Cela devrait fonctionner à la fois vers l'avant et vers l'arrière. La plupart des déchets de certaines entreprises devraient être des matières premières pour d'autres entreprises participantes.

18. Visez une ville de refuge. La nouvelle ville, par exemple, devrait pouvoir subsister pendant au moins deux ans en cas de nouveau confinement [local ou mondial].

19. Fabriquez vos propres besoins. Cela devrait inclure les besoins fondamentaux de l'homme.

20. Laissez également vos activités, y compris vos cultures et votre élevage ainsi que d'autres investissements, être axées sur la

sécurité. Par exemple, élevez des chiens de sécurité.

21. Avoir un code de conduite clairement articulé. Cela devrait être pour les propriétaires et les locataires de la nouvelle ville.

22. Tirer parti du tourisme mondial.

23. Choisissez la création d'emplois là où elle entre en conflit avec la technologie.

24. Tirer parti des talents. Encouragez la découverte et le développement des talents.

25. Partenariat avec les organismes professionnels.

26. Ne pas autoriser les personnes sans papiers.

27. N'autorisez pas les monopoles.

28. Prévoir et se préparer à des urgences telles que les incendies et les épidémies.

29. Prévoir : parking relais.

30. Ne laissez pas la pollution sonore.
31. Ne pas autoriser les structures illégales.
32. Encourager les sources d'énergie alternatives à l'essence.
33. Donnez les clés de la ville honoraire.
34. Œuvrer pour les subventions et le crowdfunding.
35. Organiser un événement annuel pour les journalistes.
36. Prévoyez d'exporter.
37. Mobilisez-vous pour accueillir des conférences et séminaires internationaux.
38. Soyez socialement responsable. Atteignez vos voisins.
39. Prévoyez un mini village du film.
40. laissez la ville représenter quelque chose. Etc.

"Tant que la terre restera,

temps de semence et temps de récolte,

ne cessera jamais.

- La Bible

CHAPITRE 4

POURQUOI ALLER DORMIR ?

1. **Il y aura un afflux constant d'argent pour vous et d'autres investisseurs.**
2. **C'est principalement parce qu'il s'agit d'un projet clé en main** . Une fois démarré, il est garanti de continuer à tourner tout seul.
3. Vous avez créé **une population** d'humains.
4. Cette population a besoin d'être satisfaite. Ainsi, il existe un marché prêt pour tout ce que vous devez vendre. Il y a donc **une demande toute prête** !
5. Vous avez également créé, non seulement des entreprises prêtes,

mais **un approvisionnement régulier !**

Vous avez **privatisé les équipements sociaux.** Par conséquent, non seulement les installations sont disponibles et facilitent la vie, mais les gens seront heureux de rester dans l'environnement .

6. En privatisant les entreprises et les équipements, vous avez **créé des emplois. Cela garantit que l'argent circule** à l'intérieur de la ville nouvelle et ne se contente pas d'aller vers les communautés voisines au détriment de la ville nouvelle et de ses investisseurs.

7. La ville sera bien médiatisée. Cela est principalement dû à votre proximité avec les journalistes et via les activités de vos chaînes médiatiques. **Une bonne publicité engendre un afflux d'affaires qui seraient allées**

ailleurs . Cela, à son tour, signifie plus de revenus !

8. Puisqu'il y aura un environnement paisible et de beaux hôtels de classe mondiale et des institutions similaires, **il y aura un afflux constant de touristes et de personnes en quête de divertissement avec les implications financières qui en découlent !**

9. Ce sera une ville propre. **Par conséquent, diverses maladies dangereuses seront tenues à distance.** Lorsque les résidents n'ont pas à gaspiller leur argent dans les hôpitaux et les hospitalisations, ils disposent de plus de fonds disponibles.

10.   Certains des talents que votre ville lancera, **se mondialiseront** et rapporteront des devises étrangères. Une partie de cela retrouvera sûrement son chemin vers la ville.

11. Les entreprises associées **feront des bénéfices** .
12. Certaines des **entreprises créées redonneront à la ville** . ils créeront et exécuteront des projets qui aideront la ville à se développer à long terme.
13. Votre **banque de micro finance** emploiera des gens et fera des profits.

REMARQUES

REMARQUES

REMARQUES

A PROPOS DE L'AUTEUR

Justin MacDonatus est chercheur. ancien rédacteur en chef, il passe son temps à rechercher les tendances commerciales.